## する人たちの出身国

- アメリカ
- カナダ
- アメリカ
- コロンビア
- ブラジル

**ニュージーランド**
→16ページ

**4巻**
- イギリス
- イタリア
- ロシア
- エストニア

この本!
**5巻**
- オーストラリア
- ニュージーランド
- ナイジェリア
- マリ

聞いてみました！
# 日本にくらす外国人 5

監修 明治大学教授 佐藤 郡衛

# オーストラリア・ニュージーランド・ナイジェリア・マリ

ポプラ社

# はじめに

## これからの日本をつくっていくみなさんへ

　みなさんのまわりに、外国から来た人はいますか。いま世界では、国をこえて生活する人たちがふえています。海外旅行をしやすい環境（かんきょう）がつくられたり、生活がゆたかになったりした国からは、旅行で日本に来る人たちがふえていますし、日本でくらし、学校に通ったり、工場や会社ではたらいたりする外国の人もふえつづけています。こうした人たちは、なぜ日本に住むようになったのでしょうか。その人それぞれに、理由がありそうですね。

　外国に住むというのは、どういうことでしょうか。みなさんが外国で生活することになったと考えてみてください。ことばがまったくわからない学校に行けば、大きな不安をかかえることでしょう。でも、その学校に日本人や自分を助けてくれる人がいたら、どんなにかうれしいですよね。

　また、食べもの、生活習慣（しゅうかん）、約束事など、日本のくらしとのちがいにも、とまどうことが多いはずです。同じように、わたしたちにとってはあたりまえすぎてうたがいもしなかったことが、外国の人からみると不思議に思うことも数多くあります。外国の人は、日本に来てどんなことが不思議だと思うのでしょうか。その理由も考えてみましょう。それが、ことなるくらしや歴史

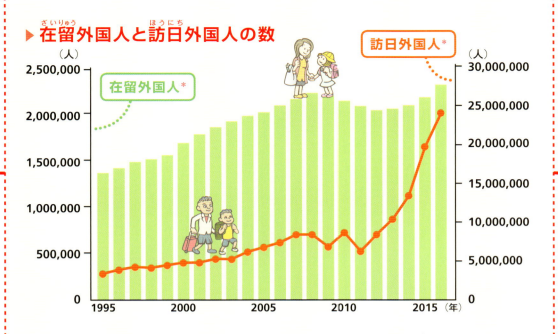

▶ 在留外国人と訪日外国人の数

＊在留外国人：中〜長期間、日本に住んでいる外国人などのこと。　訪日外国人：観光を目的として日本をおとずれる外国人のこと。
「在留外国人統計（旧登録外国人統計）統計表」（法務省）および「年別 訪日外客数, 出国日本人数の推移」（日本政府観光局〔JNTO〕）をもとに作成

　をもつ人たちがおたがいに理解しあう「異文化理解」につながっていきます。

　こうしたいくつかの疑問を日本に住む外国の人に聞いてみたのが、このシリーズです。シリーズ全体で20か国の人が登場しますが、この本ではオーストラリア・ニュージーランド・ナイジェリア・マリから来た4人をとりあげています。ぜひ、ここに登場する人たちを通して、4つの国や文化について理解を深めてください。

　日本には、これからもっともっと多くの外国の人が住むようになるでしょう。おたがいに理解を深めつつ、いっしょに新しい社会をつくっていく——この本が、そのための一つのステップになることを願っています。

2018年4月

明治大学教授　佐藤 郡衛

# もくじ

はじめに 2　　この本の読み方と特徴 5

## オーストラリアから来た　6
### ジャクリン・トンプソンさんに聞きました

- わたしが来日した理由 　7
- 日本での仕事とくらし 　8
- 大切な人とのつながり 　10
- 職場の仲間に聞きました
  同僚　ハナコ・マーガレット・スズキさん 　11
- ジャクリンさんの
  ここにびっくり！ オーストラリアと日本 　12
- データ調べ
  オーストラリアをもっと知ろう！ 　15

## ニュージーランドから来た　16
### アンナ・マリー・藤本さんに聞きました

- わたしが来日した理由 　17
- 日本での仕事とくらし 　18
- 大切な人とのつながり 　20
- 同じ大学の先生に聞きました
  立正大学社会福祉学部教授　大竹 智さん 　21
- アンナさんの
  ここにびっくり！ ニュージーランドと日本 　22
- データ調べ
  ニュージーランドをもっと知ろう！ 　25

## ナイジェリアから来た　26
### エコング・ウフォート・ウフォートさんに聞きました

- わたしが来日した理由 　27
- 日本での仕事とくらし 　28
- 大切な人とのつながり 　30
- 家族に聞きました
  妻　友里恵さん 　31
- ウフォートさんの
  ここにびっくり！ ナイジェリアと日本 　32
- データ調べ
  ナイジェリアをもっと知ろう！ 　35

## マリから来た　36
### ジャバテ・ダラマンさんに聞きました

- わたしが来日した理由 　37
- 日本での仕事とくらし 　38
- 大切な人とのつながり 　40
- 家族に聞きました
  妻　美禰子さん 　41
- ダラマンさんの
  ここにびっくり！ マリと日本 　42
- データ調べ
  マリをもっと知ろう！ 　45

さくいん　46

# この本の読み方と特徴

それぞれの外国出身の方について、インタビュー取材などをもとに、大きく5つのことがらを紹介しています。

## ① 日本に来た理由

**名前**
人物のフルネームを掲載しています。

**来日の理由**
日本に来ることになった理由を紹介します。

**日本とのつながり**
出生から来日した時期、来日後の状況までを紹介します。

**母国**
どのような国から来たのか、楽しいイラスト地図で紹介します。

## ② 日本での仕事とくらし

**日本での仕事とくらし**
ふだんの仕事やくらしを紹介します。

**こんなことまで聞いてみました！**
くらしについて、よりくわしい質問に答えてもらいました。

## ③ 大切な人とのつながり

**大切な人の紹介**
家族や友人など、大切な人とのつながりを紹介します。

**よく知る人へのインタビュー**
家族や友人、職場の仲間などにお話を聞きました。

## ④ ここにびっくり！

**日本と母国の習慣・文化の比較**
日本にくらしてみて、習慣や文化をくらべておどろいたことを紹介します。

## ⑤ データ調べ

**母国がわかる17データ**
面積や人口、通貨など、その国の基本情報を17の項目で説明します。　※データの出典は48ページ。

財団法人職員
ジャクリン・トンプソンさん

オーストラリア
から来た
ジャクリン・トンプソンさん
に聞きました

● わたしが来日した理由

# 日本語を勉強したら日本の文化が好きになったからです。

## ジャクリンさんと日本のつながり

- **28年前**
オーストラリアのブリズベン市で生まれる。両親と妹の4人家族。

- **16年前**
佐賀県にホームステイをする。

- **6年前** 来日！
ALTとして来日。宮崎県で5年間、英語の先生の助手としてはたらく。

- **1年前**
ALTとしての契約が終了。

- **現在**
国際交流を推進する団体で「JETプログラム」の運営業務などを行う。

### Q. 日本に興味をもったきっかけは何ですか？

わたしが育ったブリズベンがあるオーストラリアのクイーンズランド州は、日本語教育がさかんでした。わたしは、日本語の絵本を読んだりする授業が大好きで、終わるとすぐに次が待ち遠しくなるくらい、毎週楽しみにしていました。

12歳のときには、佐賀県に2週間ホームステイをしました。ことばはあまりできませんでしたが、ホストファミリーも学校の友だちもやさしくて、とても楽しかったことをよく覚えています。

### Q. どうして日本に来ることになったのですか？

大学で日本語や日本の文化を勉強して、ますます日本にあこがれるようになり、卒業したあとは日本へ行きたいと思うようになりました。あるとき「JETプログラム」という外国人が日本ではたらく制度があることを知り、そのなかの「ALT」という英語の先生のサポートをする仕事に興味をもちました。

小学生のころからやさしい先生ばかりで、学校に通うのが大好きだったので、大きくなったら子どもに何かを教える仕事をしたいと思っていました。ALTに採用されたら、「日本へ行くこと」と「子どもに教えること」という両方の夢がかなうので、「ぜったいにこの制度に参加したい！」と思って応募し、無事に日本へ来ることができたのです。

大学を卒業したころのジャクリンさん。

● ジャクリンさんの母国・オーストラリア

ブリズベンは、オーストラリアで3番目に大きな、自然がゆたかな都市。

# 日本での仕事とくらし

日本ではたらく外国人をささえるジャクリンさんに、仕事やくらしについて聞きました。

## 英語の先生として宮崎の子どもたちとふれあう

日本に来た最初のころは、英語の先生の助手（ALT）として宮崎県の中学校や高校で、子どもたちに英語を教えていました。いま思いだしても、とても楽しい毎日でした。体調があまりよくない日でも、生徒と話していると元気になりました。

宮崎の子どもたちと話していて感じたのは、「みんなすごく純粋だな」ということでした。オーストラリアでは、子どもの多くが「早くおとなになりたい」と思っているせいか、もっとおとなびているので、日本の子どもたちは少しおさなく感じることもありました。

日本の子どもたちは、先生と友だち感覚のところもあって、どこの学校でも「先生、彼氏いるの〜？」

ALTとして来日し、宮崎県の中学校や高校で英語を教えていたころのジャクリンさん。

とよく聞かれました。オーストラリアではぜったいに先生に聞くようなことではないので、同じ年ごろでも、ずいぶんちがうのだなと感じました。

## 日本で仕事をする外国人のお世話係

ALTとしての契約が終了し、現在は、東京ぐらしです。わたしのように「JETプログラム」に参加したい人を募集したり、契約が終了したあとも日本に残りたいという人に、日本企業での仕事を体験する機会をもうけたりするプログラムコーディネーターとしてはたらいています。

ほかには、契約が終了して自分の国へもどった人たちに向けて、メールマガジンを送ったり、「JETプログラム」に参加した人どうしで開く同窓会に関する業務もしています。帰国した人たちから、同窓会を開いたり、日本を紹介するイベントを開催したと

### ジャクリンさんのある1日

- **7:00** 起床
- **9:00** 出勤 ▶ 地下鉄に乗って出勤。メールマガジンを書いたり、日本ではたらく外国人からの問いあわせに答えたりする。
- **12:00** 昼食 ▶ 職場近くで買ったお弁当を食べる。
- **18:00** 退勤
- **19:00** 帰宅 ▶ ヨガをしたり、友だちとジョギングをしたりと、趣味を楽しむ。
- **22:30** 就寝

仕事では、「JETプログラム」の参加者に向けてメールマガジンを書くこともある。

日本のスイーツや和菓子をよく食べる。なかでもたいやきは大好物。

いった話を聞くと、変わらずに日本を好きなことが伝わってきて、うれしくなります。

### 体を動かしたり旅行するのが大好き

仕事が休みの日は、ジョギングをしたり、ヨガをしたりと、体を動かしてリフレッシュしています。ほんとうは、高校生のころにやっていたホッケーをやりたいのですが、日本では入れるチームが見つからなかったのであきらめました。

まとまった休みがとれたときは、日本国内を旅行しています。とくに前に住んでいた宮崎県は大好きなので、東京に来てから1年のあいだに3回も行きました。

宮崎県の都農町が主催するマラソン大会に出場したジャクリンさん。

## こんなことまで聞いてみました！

### Q. 故郷はどんなところ？

「緑が多い」

故郷のブリズベンは緑が多く、暑い季節でもカラッとして、冬もあたたかく住みやすいところです。海ぞいのゴールドコーストという都市も近いので、子どものころは家族で遊びに行くこともありました。

### Q. 子どものころにした遊びは？

「ネットボール」

ネットボールは気軽にできる女性向けのスポーツで、オーストラリアではさかんに行われています。1チーム7名がコートに入り、コートの両はしに設置されたバスケットボールのゴールににたリングにシュートをして点数を競います。

写真提供：Bromiskelly/flickr

オーストラリア　ジャクリン・トンプソンさん

# 大切な人とのつながり

家族みんなと仲がよいジャクリンさん。オーストラリアの家族や職場の仲間について聞きました。

## 家族はみんな仲よし

わたしは、オーストラリアにいる家族が大好きです。いつももの静かでおこらない父、逆に感情ゆたかで思いたったらすぐに行動してしまう母、そしていまはフィットネストレーナーとしてはたらいている3歳下の妹、みんなとても仲よしです。

母はとてもかわいらしい人で、わたしがオーストラリアから日本へもどるときには、いつも空港で大泣きしてしまいます。はなれるときはさびしいけど、それだけ愛されていることを実感します。

小さいころ、3歳年下の妹さん(右)といっしょに。

## 英語がついついゆっくりになってしまう

ふだん両親や妹とは、インターネットのビデオ通話やSNS*を使って連絡をとりあっています。日本の子どもたちに英語を教えていた影響で、英語をゆっくり話すクセがついてしまい、母から「どうしてそんなにゆっくりしゃべるの?」と不思議がられています。

オーストラリアにくらす、お父さん(左)とお母さん(右)。

## 心強い職場の仲間たち

職場にはプログラムコーディネーターという、わたしと同じ仕事をしている仲間がたくさんいます。にたような経験をしてきた人たちなので、いろいろなことがわかりあえて、心強いです。

世界のさまざまな国からやって来た人たちですが、みんな仲よしで、いっしょに食事に行くこともよくあります。

職場では仲間と力を合わせてはたらいている。

## はなれていても家族が大好き!

*SNS:インターネット上でほかの人と交流できる会員制のオンラインサービス。英語のSocial Networking Serviceを略したもの。

# 職場の仲間に聞きました

## いつも明るいジャクリンは職場のいやしの存在です。

同僚
ハナコ・マーガレット・スズキさん

### いっしょに夢を語りあう仲間

ジャクリンとわたしは、ほぼ同じタイミングで入社した仲間で、とても仲よくしています。いっしょにランチに出かけたり、職場の給湯室で会ったりすると、いろいろな話をします。ジャクリンはどんな話題でも明るくポジティブに返してくれる、とてもやさしい人です。将来の夢を語りあったりすることもあります。

ふだんの2人の会話は英語。将来の夢から仕事のなやみまでなんでも話す。

### だれにでもフレンドリーな性格

彼女のだれにでもすごくフレンドリーなところは、オーストラリア人らしいなと思います。わたしは両親が日本人ですが、アメリカのニューヨーク育ちで、小さいころから自分の意見は、はっきりと相手に伝えてきました。ジャクリンは、まず職場の仲間を思いやったうえで、自分の意見を相手に伝えます。また、いつも笑顔でいてくれるので、職場のいやしの存在になっています。

### すべての仕事をていねいに行う

わたしたちの職場では、日本人と外国人がいっしょに仕事をしています。さまざまな国の人がはたらいているので、職場では英語で話すことが多くなります。相手が日本人の場合でも、わたしはいつも通り、つい早口で話してしまうのですが、ジャクリンは英語に不なれな日本人にも聞きとりやすいように、ゆっくり、はっきりと話すのです。それはALTで英語を教えていた経験や、やさしい性格からきているのでしょうが、仕事で大切なことが伝わらないとこまるとも考えているのでしょう。一つ一つの仕事をていねいに行う一面にも、それが表れていると思います。

仕事のあいまには、メールの量が多いとか、書類の日本語がむずかしいなどというぐちも2人で話しています。なやみを相談しても「気にしなくていいよ」と笑顔で言ってくれるジャクリンのおかげで、明るく仕事ができています。

仕事のあいまに、職場の給湯室でお茶を飲みながら話しこむこともある。

オーストラリア ジャクリン・トンプソンさん

# ジャクリンさんの ここにびっくり！ オーストラリアと日本

## 子どもの遊びがちがうことにおどろいた！

### オーストラリアの子どもがするのはスポーツ

　オーストラリアと日本では、子どもの遊びがちがいます。日本の子どもは、鬼ごっこやかくれんぼなど、子どもならではの遊びをすることが多いと思います。わたしもホームステイをしたときには鬼ごっこをし、「ジャクリン、ダッシュ！ ダッシュ！」と言われて、一生懸命走りました。一方、オーストラリアはスポーツがさかんな国なので、多くの子どもは、子どもならではの遊びよりもラグビーやネットボールといったスポーツをしてすごします。

男の子はラグビーやクリケットをよくやります！

### 日本には遊具がたくさんある！

　日本の小学校の校庭や公園には、鉄棒やブランコ、うんてい、のぼり棒、ジャングルジムなど、いろいろな遊具があります。オーストラリアでは、そうした遊具はあまり見かけません。

# ●オーストラリアのクリスマスは夏だけど……。

## クリスマスは家族でお祝い
## バーベキューやスポーツも

　南半球にあるオーストラリアでは、北半球にある日本とはちがい、クリスマスの季節は夏になります。そこで、みんなでバーベキューをしたり、庭でクリケットというスポーツをしたり、アウトドアで遊んだりします。パーティでは、家族みんなでクリスマスケーキとクリスマスハムを食べます。日本ではクリスマスに友だちや恋人とすごす人もいますが、オーストラリアではクリスマスは家族ですごす人がほとんどです。

　友だちとみんなで集まって楽しくすごすのは、新年をお祝いするニューイヤーパーティです。オーストラリアは新年も夏なので、みんなで外に出て遊んだり、バーベキューをしたりします。日本のおせち料理のように、お正月にかならず食べるものはありません。

クリスマスプレゼントは子どもから両親にもあげるのよ！

オーストラリア　ジャクリン・トンプソンさん

# 日本の日焼け止めはきき目が弱い！

## 日焼け止めは
## オーストラリアのものを使っている

　日差しの強いオーストラリアでは、太陽の出ている時間に長く外にいると肌が真っ赤にやけてしまうため、日焼け対策が欠かせません。オーストラリアの日焼け止めは、強い日差しから肌をまもるために、強力にできています。それになれていたため、来日後、日本の日焼け止めのきき目が弱いことにとてもこまりました。そこで、オーストラリアからきき目が強い日焼け止めを送ってもらって、それを使っています。

強い日差しから肌や目をまもるために、日焼け止めやサングラスは欠かせない。

## 大皿料理をみんなで楽しめてうれしい！

### オーストラリアの料理は1人ずつもりつけられている

1つのなべをみんなで囲んでとりわけて食べるスタイルに、はじめはびっくりしたという。

　オーストラリアでは、大皿料理をみんなで食べるという習慣があまりありません。テーブルにいるみんなが同じお皿からとりわけて食べるものといえばサラダぐらいで、あとは1人ずつべつべつにもりつけられた料理を食べます。

　日本で、職場のみんなと食事へ行ったときになべ料理が出てきたのですが、みんなが1つのなべからとりわけて食べているのを見てびっくりしました。わたしは、いつ自分の分をとったらよいのかわからなくて、ビクビクしていました。いまは大皿料理のほうが、みんなといっしょにいろいろな料理を楽しめるので好きになりました。

## 日本のトイレは便座が低い！

### 背の高いオーストラリア人には日本のトイレは低すぎる！

　日本のトイレはオーストラリアにくらべて便座の位置が低いので、最初のころはびっくりしました。オーストラリア人は日本人にくらべて背が高く、足も長いので、日本のトイレの便座はすわったときに足がきゅうくつに感じます。

「もう少し大きい人にも使いやすいといいのに…。」

# [データ調べ] オーストラリアをもっと知ろう！

- **① 正式名称** オーストラリア連邦
- **② 首都** キャンベラ
- **③ 面積** 769万2,000km² （日本は37万8,000km²）
- **④ 地勢** オーストラリア大陸とタスマニア島などからなり、南半球に位置している。東は南太平洋、西はインド洋、北はアラフラ海、南は南極海に囲まれている。
- **⑤ 人口** 2,445万1,000人〈2017年〉
  （日本は1億2,558万4,000人〈2017年〉）
- **⑥ おもな言語** 英語（公用語）
- **⑦ 民族** ヨーロッパ系が中心。そのほか、中東系、アジア系と先住民のアボリジニーなど。
- **⑧ 宗教** 約60％がキリスト教。そのほか、仏教、イスラム教、ヒンドゥー教など。
- **⑨ 通貨** オーストラリア＝ドル
- **⑩ 日本とキャンベラの時差** 日本より1時間早い（夏時間＊では2時間早い）
- **⑪ 東京とキャンベラの距離** 7,924km
- **⑫ キャンベラの平均気温** 〈1月〉20.8℃ 〈7月〉5.8℃
  （東京の平均気温は、〈1月〉5.2℃、〈7月〉26.4℃）
- **⑬ 平均寿命** 男性81歳、女性85歳〈2015年〉
  （日本は男性81歳、女性87歳〈2015年〉）
- **⑭ 日本にくらすオーストラリア人の数** 1万387人〈2016年〉
- **⑮ オーストラリアにくらす日本人の数** 9万2,637人〈2016年〉
- **⑯ 世界遺産登録数** 19件〈2017年〉

＊夏時間：日の出の時刻が早まる夏の約6か月間、時計の針を1時間進める制度。

世界遺産の一つで、周囲が約9kmもある大きな一枚岩「ウルル」。

オーストラリアを代表する動物「コアラ」は日本でも人気が高い。

## ⑰ 日本との貿易

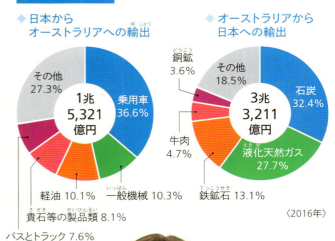

**日本からオーストラリアへの輸出** 1兆5,321億円
- 乗用車 36.6％
- 一般機械 10.3％
- 軽油 10.1％
- 貴石等の製品類 8.1％
- バスとトラック 7.6％
- その他 27.3％

**オーストラリアから日本への輸出** 3兆3,211億円
- 石炭 32.4％
- 液化天然ガス 27.7％
- 鉄鉱石 13.1％
- 牛肉 4.7％
- 銅鉱 3.6％
- その他 18.5％

〈2016年〉

> オーストラリアに来て、真夏のクリスマスを楽しんでみてね！

※データの出典は48ページ。

大学講師
アンナ・マリー・藤本さん

## ニュージーランド
から来た
アンナ・マリー・藤本さん
に聞きました

## わたしが来日した理由

### 語学研修がきっかけで、日本でくらしたいと思ったからです！

**Q. 日本に興味をもったきっかけは何ですか？**

ニュージーランドのオークランド大学の教育学部に通っていた18歳のとき、日本に10日間の語学研修に来たんです。そのときに、千葉県の幼稚園で子どもたちと接する機会があり、そのことがわたしにとって、印象深く、大きな体験となりました。この体験がきっかけで日本語を学びたいと思い、もともと専攻していた英米文学のほかに、日本語も勉強するようになったのです。

大学卒業後は、オークランドの中学校や高校で英米文学と日本語を教えたり、日本人相手のツアーガイドの仕事をしたりしていました。日本をおとずれる機会もたびたびあり、いつか日本でくらしたいと考えるようになりました。

**Q. どうして日本に来ることになったのですか？**

日本でくらし、英語を教える仕事がしたいと望んでいたところ、2002年8月に、JETプログラム*に参加する機会を得て、来日しました。日本のことをもっとよく知り、文化や習慣、言語を学ぶためには、日本に住むことがわたしにとっても2人の子どもたちにとっても、よい機会になると思ったからです。これまでの経験をいかして仕事ができると、とてもうれしく思いました。群馬県太田市の小学校と中学校ではたらくことが決まり、日本での生活がはじまりました。

### アンナさんと日本のつながり

- **55年前**
  ニュージーランドのオークランドで生まれる。

- **33年前**
  大学在学中に、日本に10日間の短期留学をする。

- **20年前ごろ**
  オークランドの中学校や高校で、英米文学と日本語を教えたり、ツアーガイドの仕事をする。

- **15年前** 来日！
  JETプログラムを利用して来日。来日時は、群馬県太田市の小学校と中学校で英語を教える。

- **現在**
  大学の英語講師をしながら、ボランティア活動にはげむ。

### ● アンナさんの母国・ニュージーランド

ニュージーランドの北島の南端には、パリサー岬灯台がある。

ニュージーランドでくらしていたころのクリスマス。子どもたちがトナカイのためににんじんを用意して待っている。

*JETプログラム：外国人が日本で外国語やスポーツを教えたり、国際交流のためにはたらく制度。

# 日本での仕事とくらし

大学講師をしながら、ボランティア活動もするアンナさんに、仕事とくらしについて聞きました。

## 大学講師として英語を教える

2005年から立正大学で英語の講師の仕事をしています。授業は英会話が中心ですが、学生が将来めざしている進路に合わせて、内容をそれぞれ変えています。

たとえば、保育士や小学校の先生をめざす学生たちのクラスでは、英語の歌をうたったり、英語の絵本をつくったりする授業をしました。また、地球環境を学んでいる学生たちのクラスでは、アフリカの環境問題を調べてもらい、それを英語で発表する機会をつくりました。

日本の大学生は、中学校や高校で受験対策として英語を勉強してきたため、むずかしいものだと思いこんだり、苦手意識をもったりしています。わたしは、英語を勉強すれば楽しいことがたくさんあることを知ってほしいので、学生とのコミュニケーションを重視し、英語に興味をもってくれるようにいつもくふうしています。

アンナさんの授業風景。学生とは、1対1で話すことを大切にしている。

## 2人の子どもたちといっしょにすごす

2002年に日本に来たときは8歳と6歳だった息子と娘も、いまは大学5年生と大学3年生になりま

大学の教員室で授業の準備をするアンナさん。

### アンナさんのある1日

- **5:00** 起床 ▶ 1時間くらい庭仕事をする。
- **7:00** 出勤 ▶ 早めに出勤をして授業の準備。
- **17:30** 退勤
- **19:00** 帰宅 ▶ 帰宅後に英語の個人レッスンが入っている日もある。
- **0:30** 次の日の授業の準備
- **1:00** 就寝

した。それぞれアパートを借りて1人でくらしています。毎週水曜日の夜は、都内に住む大学3年生の娘とすごし、おしゃべりをしながらいっしょに料理をつくります。息子は医学部に進学し、いそがしくしているのですが、週に1回は会って食事をしたり話をしたりしています。

ニュージーランド生まれの子どもたちですが、日本の学校に通ったので、日本のことをよく理解し、日本が大好きだといっています。大きくなったいまでも、勉強の話や将来の話ができる関係でよかったと思いますね。

息子さん（左）と娘さん（右）。

## 月にいちどボランティア活動も

わたしは、月にいちど、小学生の子どもたちに、英語の絵本の読み聞かせを行うボランティアをしています。子どもたちが目をかがやかせて喜んでくれるのがうれしくて、こちらも元気になりますね。

日本に来る前にも、インド、ラオス、コンゴ民主共和国で子どもたちに英語を教えるボランティアをしていました。子どもたちがボランティアをきっかけに、英語に興味をもち、自分の世界を広げてくれるといいなと思っています。

コンゴ民主共和国には何度かおとずれ、ボランティア活動をしている。

また、わたし自身も、これまでのボランティア活動でいろいろな喜びや学びを得てきました。ふだん教えている学生たちに、そういった話をすると、みんな真剣に耳をかたむけてくれます。

## こんなことまで聞いてみました！

### Q. 子どものころの夢は？

**「学校の先生」**

子どものころから先生になりたいと思っていました。また、インドやアフリカを訪問するのも夢でした。どちらの夢もかなえることができてよかったです。

### Q. 好きな飲みものは？

**「緑茶」**

あたたかい緑茶が好きです。味わいも、のどごしもよくてお気にいりです。友人の家で出してもらってから好きになりました。

# 大切な人とのつながり

アンナさんのお子さんや学生さん、ニュージーランドにくらす家族について聞きました。

## いそがしくても親子の時間を大切にする

わたしは仕事やボランティア、子どもたちは勉強で日々いそがしくしていますが、家族ですごす時間は、とても大切にしています。子どもたちは家をはなれ、それぞれでくらしていますが、だからこそおたがいがどこかで気にかけあい、思いやることが必要なのではないかと思っています。これからも、いろいろなことを話せる親子関係でいたいと思います。

## 授業以外の相談にものって学生の夢を応援する

学生たちは、授業後も気さくに話しかけてくれるので、たわいもないおしゃべりをしたり、勉強や将来のことについて相談にのったりしています。

あるとき、「海外でボランティアをやってみたい」という目標をもった学生がいました。そのときは、わたし自身の海外ボランティアの経験などを話して、その気持ちを後おしするようにしました。

アンナさんのクラスのケニアからの留学生（右はし）は、母国に学校を建てたいという夢をもっている。

## 週に1回はニュージーランドの家族とやりとり

ニュージーランドには母、妹、弟が住んでいるので、週に1回はインターネットのビデオ通話で顔を見ながら話をしています。仕事のことや日常生活のことなどなんでも話します。日本とニュージーランドは遠いのですぐには会いに行けませんが、何かこまったことがあればいっしょに考えて解決しますし、信頼しあっています。残念なことに、家族は日本に来たことがありません。いつか日本に遊びに来てくれたら、日本でできた友だちを紹介したいと思っています。

家族とすごす時間が、わたしにとっての心のささえです！

# 同じ大学の先生に聞きました

## エネルギッシュで、学生を英語好きにしてくれる先生です。

立正大学
社会福祉学部教授
大竹 智さん

ニュージーランド アンナ・マリー・藤本さん

### 家族ぐるみのつきあい

アンナさんは、いつもまわりからは「アンナ」とよばれて、したわれています。アンナとの出あいは、彼女が群馬県太田市でALT（英語の先生のサポートをする仕事）をしていたころです。そのころ、アンナは児童養護施設*でも英会話を教えていたのですが、そこではたらいていたわたしの後輩に紹介されたのがきっかけです。

出あってしばらくして、わたしは研究のために留学することになりました。家族を連れて1年間ニュージーランドでくらすことになったのです。そのとき、ニュージーランド出身のアンナにいろいろ相談にのってもらいました。また、おたがいの子どもの年齢が近かったこともあり、家族ぐるみでバーベキューをしたり、ホームパーティをしたりするようになりました。

### アンナさんを大学に紹介

これまでのつきあいを通して、アンナが優秀な先生であり、人がらもすばらしいことはよく知っていたので、わたしの勤務する立正大学が英会話の先生をさがしていたときに、アンナを大学に紹介しました。それ以来、10年以上、ずっと講師として勤務してもらっています。

アンナは、「人に教えるということは何か」を、よくわかっている先生です。授業でも、たんにテキストにそって進めていくようなやり方ではなく、学生が関心をもてるような進め方をくふうしたり、学ぶ楽しさを引きだすようなサブテキストをつくったりしています。アンナを大学に紹介して、ほんとうによかったと思います。

### 世界にはばたく人を育ててほしい

英語や英会話はむずかしい、とかまえてしまう学生が多いのですが、アンナの授業をきっかけに異文化に関心をもち、学びたい気持ちがわいてくる学生も多いようです。ふだんは発言の少ない学生が、アンナの授業ではいきいきと英語で発表している姿をよく見ます。また、アンナや留学生との交流から世界のことを知り、これまでのなやみからときはなたれる感覚をもつ学生もいるようです。一方で、異文化を理解することは、日本のよさに気づくことにもつながっていると思います。アンナを通じて、たくさんの学生が世界にはばたいてくれることを願っています。

アンナさんと大竹さん。2人とも明るい性格でとても気が合う。

*児童養護施設：何らかの事情で、親などの家族とくらすことができない子どもたちがくらす施設。

# アンナさんの ここにびっくり！ニュージーランドと日本

## 外国人へのサポートが手あつくて感激！

ボランティアによる日本語教室。　写真提供：太田市国際交流協会

太田市のウェブサイト。ポルトガル語、スペイン語、中国語、英語でも見ることができる。
写真提供：太田市

## 行政のしくみが進んでいる 近所の人のサポートにも感謝

> 公共の施設や地域の人たちにはほんとうに助けられました！

群馬県太田市でくらしはじめたばかりのころ、まだ何もわからないなか、市役所や地域に住むみなさんが手あつくサポートしてくれて、とても心強かったことはわすれられません。

太田市は外国人が多く住む街です。ボランティアによる外国人のための日本語教室があったり、市のウェブサイトがいくつもの外国語に対応していたりもします。

また、外国人向けだけでなく、子育てをしている人へのサービスも充実していて、児童館では絵本の読み聞かせなどのイベントがたびたび開催されています。わたしもよく遊びに行きました。

子どもたちが小学校に入ってからも、最初は集団登校なので、安心して学校に通わせることができましたし、わたしが仕事をしていたので学童保育も利用しました。こういった行政のしくみなどがとても進んでいると感じました。そして何より、地域に住む人たちが、わたしたちのことを自分のことのように考えてくれて、気軽に声をかけ、助けてくれたことがほんとうにうれしかったです。

## ● ニュージーランドの電車はよくおくれたけど……。

### 日本の電車やバスは安全で正確 子どもが1人で電車に乗っている

　日本は、比較的治安がいいので、子どもたちが習いごとや部活動でおそくなっても、心配せずに1人で家に帰らせることができます。小学生くらいの子どもが、夜に1人で電車に乗っているのを見て、最初はおどろきましたが、この安全性は日本ならではだと思いますね。

　さらにおどろいたのが、電車やバスが時間通りに来ることです。ニュージーランドでは、かならずしも時間通りではなく、10分以上おくれることもめずらしくはありません。そのせいもあってか、ニュージーランドの移動手段は自動車がメインです。

ニュージーランド　アンナ・マリー・藤本さん

## ● 日本でもいろいろな国の料理が食べられる！

### 外国の食文化をうまくとりいれているところが同じ

　ニュージーランドには、いろいろな国から来た人たちがくらしています。そのため、さまざまな国の食文化がとりいれられ、根づいています。中華料理や日本料理のレストランはあちこちにありますし、家庭でもチャーハンやまき寿司をよく食べます。

　ニュージーランド料理は羊肉などの肉料理が中心ですが、島国なのでシーフードも豊富。いろいろな国の料理が食べられるところは、日本とニュージーランドの共通点だと思いますね。

ニュージーランドの寿司店。日本料理ではまき寿司が人気。
写真提供：ChameleonsEye / Shutterstock.com

# 美術館や博物館が多くてうれしい！

## いつでも芸術を楽しめる上野はとくにすばらしい

　日本では都心や地方にかかわらず、美術館や博物館が多くあって、展覧会やコンサートなどが行われる場所も身近にありますね。とくに東京都の上野をはじめておとずれたときは、一帯に博物館や美術館などの施設が集まっていて、感激しました。また、一年を通じて、多くの企画が組まれているので、いつでも新しいイベントを楽しむことができるのもよいところです。

　ニュージーランドにも、上野のような場所があったらすてきですね。

# 日本では庭やプールのない家が多い！

## ニュージーランドではトランポリンがある家も

　ニュージーランドの家には、庭があるのが一般的です。地域によっては、非常に大きな庭をもっている家もめずらしくありません。とくに、子どもがいる家では、トランポリンがあったり、プールがついていたりすることもあります。

　また、日本では、子どもがまだ小さいうちは、親やきょうだいといっしょにねることが一般的だと思います。しかし、ニュージーランドでは、子どもはたいてい自分専用の部屋をもっていて、赤ちゃんのころから自分の部屋でねています。

子どもたちも、よく庭でトランポリンをしていたのよ！

アンナさんのニュージーランドの実家。子どもたちが小さいころは庭にトランポリンを置いていた。

# データ調べ ニュージーランドをもっと知ろう！

- **❶ 正式名称** ニュージーランド
- **❷ 首都** ウェリントン
- **❸ 面積** 26万8,000km²（日本は37万8,000km²）
- **❹ 地勢** 南太平洋の南西部にある島国で、北島と南島、周辺の島々からなる。
- **❺ 人口** 470万6,000人〈2017年〉（日本は1億2,558万4,000人〈2017年〉）
- **❻ おもな言語** 英語（公用語）・マオリ語（公用語）
- **❼ 民族** ヨーロッパ系67.6％、先住民であるマオリ人14.0％、アジア系9.2％など。
- **❽ 宗教** キリスト教51.1％（聖公会13.3％、カトリック12.2％など）、ヒンドゥー教1.6％、仏教1.3％など。
- **❾ 通貨** ニュージーランド＝ドル
- **❿ 日本とウェリントンの時差** 日本より3時間早い（夏時間*では4時間早い）
- **⓫ 東京とウェリントンの距離** 9,246km
- **⓬ ウェリントンの平均気温** 〈1月〉16.6℃　〈7月〉8.8℃（東京の平均気温は、〈1月〉5.2℃、〈7月〉26.4℃）
- **⓭ 平均寿命** 男性80歳、女性83歳〈2015年〉（日本は男性81歳、女性87歳〈2015年〉）
- **⓮ 日本にくらすニュージーランド人の数** 3,239人〈2016年〉
- **⓯ ニュージーランドにくらす日本人の数** 1万8,706人〈2016年〉
- **⓰ 世界遺産登録数** 4件〈2016年〉

＊夏時間：日の出の時刻が早まる夏の約6か月間、時計の針を1時間進める制度。

ニュージーランドの国鳥は飛べない鳥キウイ。

山岳地帯にある世界遺産のトンガリロ国立公園。
写真提供：Luke Behal/flickr

**⓱ 日本との貿易**

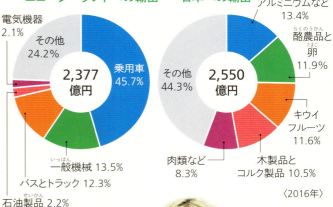

◆日本からニュージーランドへの輸出　2,377億円
- 乗用車 45.7%
- その他 24.2%
- 電気機器 2.1%
- 一般機械 13.5%
- バスとトラック 12.3%
- 石油製品 2.2%

◆ニュージーランドから日本への輸出　2,550億円
- その他 44.3%
- アルミニウムなど 13.4%
- 酪農品と卵 11.9%
- キウイフルーツ 11.6%
- 木製品とコルク製品 10.5%
- 肉類など 8.3%

〈2016年〉

夏と冬の時季が日本と正反対の国、ニュージーランドに注目してね！

※データの出典は48ページ。

大学院生
エコング・ウフォート・ウフォートさん

息子
大嘉(たいが)・ウフォートくん

妻
友里恵(ゆりえ)さん

# ナイジェリア
## から来た
### エコング・ウフォート・ウフォートさん
に聞きました

### わたしが来日した理由
## 日本で電気の勉強をしたかったからです。

### ウフォートさんと日本のつながり

- **28年前**
ナイジェリアのラゴス州で生まれる。兄2人、姉、双子の妹との5人きょうだいの4番目。

- **9年前** 来日！
神奈川県にある大学の日本語予備教育課程で学ぶ。

- **8年前**
大学の工学部電気電子学科に入学する。

- **4年前**
大学院に進学する。

- **3年前**
結婚。

- **現在**
妻と息子とともに神奈川県に住み、大学院で勉強をつづける。

#### Q. 日本に興味をもったきっかけは何ですか？

品質のよい日本の電気製品に、興味をもったことがきっかけです。

子どものころから電気製品が好きで、こわれたものを分解して、どうやって動いているのかを調べたりしていました。父がパイロットだったので、いろいろな国の電気製品をよく買ってきてくれたのですが、ほかの国のものにくらべて、日本の電気製品はじょうぶで、長く使えて、技術がすばらしいと思っていました。

#### Q. どうして日本に来ることになったのですか？

技術の進んだ日本で、電気や電子の勉強をしたいと思い、留学をすることにしました。

ナイジェリアは、英語が公用語です。きょうだいはことばの通じるアメリカやイギリスに留学していて、文化もことばもちがう日本への留学は大反対されました。でも、子どものころからあこがれていた日本にどうしても行きたくて、家族に内緒で手続きを進め、手続きがすべてできたところで家族を説得しました。

はじめは、大学の日本語予備教育課程に1年半通いました。日本語は、一言も話せなかったのでたいへんでしたが、先生や友だちが助けてくれて、大学で勉強ができるくらいの力をつけ、無事工学部で勉強することができました。

### ● ウフォートさんの母国・ナイジェリア

来日して間もなく日本語スピーチコンテストに出場。

ナイジェリアで最大の一枚岩「ズマロック」は、紙幣にもえがかれている。

※ナイジェリアでは、生まれた場所に関係なく、出自の民族の多くいる土地を出身地とする。ウフォートさんはイビビオ族というウヨ市に多く住む民族のため、ラゴス生まれでもウヨ市を出身地とする。

# 日本での仕事とくらし

大学院生のウフォートさんに、研究やアルバイト、ふだんのくらしのことなどを聞きました。

## 電気自動車に関連する技術の研究

わたしは、大学院で研究をしています。電気自動車に使う制御装置の研究です。

研究では、パソコンでプログラムをつくり、そのプログラムを使ってじっさいの機械を動かしてみます。パソコン上ではうまくいったのに、じっさいには計算通りに動かないこともあります。成功するためには時間がかかり、たくさんの勉強をしないといけません。

パソコンで装置のプログラムをつくる。パソコンを使うときは目がつかれないためのメガネをかける。

研究室の学生みんなで協力して、パソコンでつくったプログラムをじっさいに動かしてみる。

## 将来は日本とナイジェリアのかけ橋に

大学院を卒業したら、研究をいかせる日本の電気製品メーカーに就職することが目標です。そして、もっと先の将来には、ナイジェリアに帰って、日本とナイジェリアのかけ橋となれるような仕事をしたいと思っています。

いまは、ファストフード店でアルバイトもしています。長年つづけているので、従業員をまとめる役目もまかされています。お客様を第一に考える日本のサービスはすばらしいので、ナイジェリアに帰ったときにアルバイトの経験もいかしたいと思います。

## 季節によって食べものが変わるのは不思議

研究とアルバイトでいそがしい毎日ですが、妻と

### ウフォートさんのある1日

- **8:00 起床** ▶ 息子の大嘉・ウフォートくんのシャワーと朝食の世話をする。
- **9:00 大学へ** ▶ 電気自動車に使う制御装置の研究をする。
- **18:00 帰宅** ▶ 晩ごはんを食べて少し休けい。
- **20:00 ファストフードのアルバイトへ**
- **3:00 帰宅、就寝**

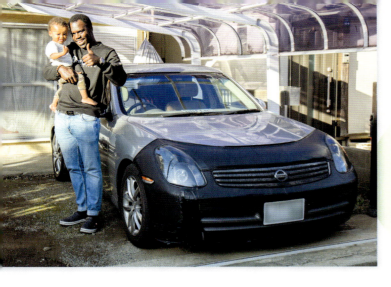

ドライブ好きなウフォートさん。ナイジェリアで免許をとったが、日本の免許をとりなおした。日本の試験はむずかしかったという。

母国の家族から送ってもらっているナイジェリア料理をつくるための調味料とかんづめ。

子どもとすごす時間は大切にしています。家族にナイジェリア料理をつくることもあります。ナイジェリアでは、オクラやトマトをよく使います。お米も使いますが、日本のお米よりもパサパサしています。

ナイジェリアは一年中気温があまり変わらず、野菜やくだものはいつも同じものが店にならびます。日本のように、季節によって出まわる品物や値段が変わるのは不思議です。料理をするのにも、季節によって食材の値段が変わるのは、こまることだと思いますが、日本人はあまり気にしませんね。

## 日本の家では頭をぶつけてばかり

日本で不便だなと思うことのひとつが、家の小ささです。天井が低く、出入り口で頭をぶつける経験を何度もしました。広さも、いま住んでいる一軒家の1階部分すべてと、ナイジェリアで母が住んでいる家のリビング一部屋が同じくらいです。でも、最近は日本の家の小ささになれてきて、ナイジェリアの家は大きすぎて落ちつかないなと思うこともあります。

身長188cmのウフォートさんは、日本の家では頭がぶつかってしまう。

ナイジェリア エコング・ウフォート・ウフォートさん

## こんなことまで聞いてみました！

### Q. 熱中していることは？

**「サックス」**

中学3年生のときに、学校のクラブ活動ではじめました。日本でもジャズバンドを組んでいました。いまはいそがしくてバンドはできませんが、家で練習をつづけています。

### Q. 日本でもしているナイジェリアの行事は？

**「独立記念日のお祝い」**

10月1日は、ナイジェリアの独立記念日です。国中のスタジアムでマーチングバンドや音楽のイベントが開かれます。日本でも大使館にナイジェリア人が集まってパーティをします。

# 大切な人とのつながり

「ナイジェリア人は家族が第一」と語るウフォートさんに、自身の家族のことを聞きました。

## 4か国に分かれて住む家族

兄と姉はイギリス、双子の妹はアメリカにいて、母は1人でナイジェリアに住んでいます。パイロットだった父は、わたしが高校1年生のときになくなりました。住んでいる国がバラバラなので、連絡をとるときは、インターネットのビデオ通話やSNS＊を使います。日本の夜中に家族会議が開かれて、わたしはねていて参加できないこともありますが、どこに住んでいてもおたがいに家族は大切です。

仲のよい5人きょうだい。きょうだいはみんな留学して、留学先の国で仕事をしている。

## 休みの日には家族とすごす

ナイジェリア人は、何よりも家族を大切にする文化をもっています。わたしも、休みの日にはできるかぎり家族とすごしています。3人で公園に出かけたり、車でショッピングモールに出かけたりと、家族でいるととても楽しいです。

学生のうちに結婚すると決めたときには、勉強と家族をまもることの両方をできるのかと心配する人もいましたが、家族がいるから、勉強もアルバイトもがんばれています。

休みの日には家族3人で近所の公園に行くこともある。

## 子育ては日本流に

ナイジェリアでは、ミルクを飲む時期が終わったら、おとなと同じ食べものを小さくして食べさせます。子ども用の離乳食はあまりつくらないので、子育ての方法がちがうなと思うことがあります。わたしの母は、ナイジェリアよりも日本のほうが長生きする人が多いので、「子育ては日本のやり方でいいよ」と言ってくれています。

息子の大嘉・ウフォートくん。名前には、日本とナイジェリアの両方の名前が入っている。

## 家族がいるからがんばれます!!

＊SNS：インターネット上でほかの人と交流できる会員制のオンラインサービス。英語のSocial Networking Serviceを略したもの。

# 家族に聞きました

## 「この人と結婚する！」と直感しました。

妻
友里恵さん

### 人のためにがんばるやさしい人

　ウフォートとは、大学で知りあい、親しくなると「この人と結婚する！」と直感しました。家族を大切にする人で、いそがしいなかでも、家族でゆっくりすごす時間をつくってくれます。家族だけではなく、いろいろな人のために、自分の時間を使ってがんばる、やさしい人です。

　人を見る目もしっかりしています。わたしが、大学卒業後にどんな仕事をしようかとなやんでいたときには、「会社に入るよりも、自分で仕事をしていくほうが向いているのでは？」とアドバイスしてくれました。それがきっかけとなり、わたしはいま、ナイジェリアから衣類やアクセサリーを輸入し、インターネットを通じて販売する仕事をしています。好きなファッションにかかわって、楽しく仕事ができているので、アドバイスにしたがって正解でした。

とても大切にしているという、3人ですごす時間。

### 音楽が鳴るとしぜんにダンス

　ふだん、いっしょにくらしていて、ナイジェリア人だと意識することはあまりありません。会話をしていて、わたしのほうがまちがいを注意されることがあるほど日本語もじょうずで、日本社会にすっかりなじんでいます。ただ、音楽が鳴ると、しぜんに体が動いてダンスをするところは、母国の文化なのかなと思うこともあります。

　ウフォートの友人のナイジェリアの人たちを見ていると、どの人も家族とすごすことを優先しているなと感じます。また、夫婦の家事については「女性がやるべき」というのではなく、「おたがいに助けあってできる人がやる」と考える人が多いようです。

### 将来はナイジェリアへ

　妊娠や出産などもあって、まだナイジェリアに行ったことはないのですが、将来は、ナイジェリアでくらすことを2人で計画しています。外国でくらすのはたいへんかもしれませんが、ウフォートといっしょなら楽しくくらせると思います。

「ウフォートは満点の夫です」と語る友里恵さん。

# ウフォートさんの ここにびっくり！ナイジェリアと日本

## 日本人は外国語で話したがらない！

多くの民族がいるナイジェリアの市場では、さまざまなことばが飛びかっている。
写真提供：Omnivisuals / Shutterstock.com

### まちがえを気にせずにコミュニケーションしてほしい

　日本に来たころ、英語を話す人が少なくてちょっとびっくりしました。長く住んでいると、日本人は「完ぺきに話せないから」という理由で、英語でのコミュニケーションをしようとしない人がいることに気がつきました。

　いろいろな民族がくらすナイジェリアでは、国内でもことばが通じないことはあたりまえ。まちがえることなんて気にせず、自分のいいたいことを伝えようと身ぶりや手ぶりも使って話をします。日本人もまちがえることをこわがらないで、コミュニケーションしてほしいですね。

### 民族やことばがたくさんあるナイジェリア

　ナイジェリアには、250以上の民族がいて500以上のことばがあります。公用語は英語ですが、地域によっては、学校に通えなくて、英語を話せない人もいます。そのため、国内でも、住んでいる地域をはなれると、ことばが通じないことはめずらしくありません。

# みんなが時間をまもることにびっくり！

「電車もイベントも、日本は時間に正確ですごい！」

## ナイジェリアでは何ごとも時間通りにはじまらない！

　ナイジェリアでは、「10時から」と書いてあっても10時にはじまることはほとんどありません。とくに、えらい人はかならずゆっくりやってきます。ほんとうに10時にはじまる場合には、時間といっしょに「クリスチャンタイム」と書かれていたりします。教会のイベントは、書いてある時間通りにはじまることが多いからかもしれません。友だちとの約束も、だいたいの時間を約束するだけだから、5分、10分を気にすることはありません。

　日本に来たとき、ナイジェリアの感覚で入学式に行ったら、もう終わっていてびっくりしました。日本は時間にきびしいとわかって、時間をまもることがわたしの新しい習慣になりました。

ナイジェリア　エコング・ウフォート・ウフォートさん

# 公衆トイレがきれい！

## こんなにきれいなトイレが無料で使えるのは日本だけ

　ナイジェリアでも、アメリカやヨーロッパでも、駅やビルにあるトイレはそれほどきれいではありません。きれいなトイレは、たいてい有料です。そのため、来日したころ、街にあるきれいな公衆トイレで、お金をはらうところをさがしてしまいました。日本のきれいさになれてしまうと、外国でこまることがあるくらいです。

ドイツの駅にある有料の公衆トイレ。コインを入れないとドアが開かない。　写真提供：Goran Jakus / Shutterstock.com

# 冷たいお米を食べるなんてびっくり！

## 最初はおにぎりですら食べられなかった

最初は信じられない食べものだったよ！

　ナイジェリアでもお米を食べますが、かならずあたたかい状態で食べます。冷たいお米を食べるなんて信じられなくて、日本に来て1年くらいは、おにぎりですら食べられませんでした。黒いのりにつつまれていて、中身が見えないことも不安でした。

　大学で全員にコンビニのおにぎりが配られたことがあり、自分だけ食べないとはいえずに、はじめて食べました。そのときは、包装の開け方やのりのまき方がわからなくて緊張してしまい、味はまったく覚えていません。いまは、納豆以外はどんな日本の食べものでもだいじょうぶ。おにぎりもよく食べます。具は「ツナマヨ」がお気にいりです。

# 工場でもおそろいの制服でおどろいた！

## 会社にまで指定のユニフォームがあるなんて！

　ナイジェリアでは、中学校や高校には制服があり、銀行員などはスーツとネクタイ姿です。しかし、工場などでは服装は自由で、みんなふだん着です。日本では、そうした職場でも、会社が指定する作業服を着ていて、おもしろいなと思います。

　ナイジェリアにも、職場の服におもしろい習慣があります。金曜日に、自分の民族の服を着て出勤するのです。いろいろな民族衣装が見られて楽しいですよ。

作業服を気にいったウフォートさんは、研究室でも着ている。

# データ調べ ナイジェリアをもっと知ろう！

| ❶ 正式名称 | ナイジェリア連邦共和国 |
| --- | --- |
| ❷ 首都 | アブジャ |
| ❸ 面積 | 92万4,000km²（日本は37万8,000km²） |
| ❹ 地勢 | 西アフリカのギニア湾に面している。海岸部はマングローブと低湿地、内陸部の高地には森林が広がる。 |
| ❺ 人口 | 1億9,088万6,000人〈2017年〉（日本は1億2,558万4,000人〈2017年〉） |
| ❻ おもな言語 | 英語（公用語）、ヨルバ語、ハウサ語、イボ語など500以上の言語がある。 |
| ❼ 民族 | ヨルバ人、ハウサ人、イボ人、フラ人など250以上の民族がいる。 |
| ❽ 宗教 | イスラム教50.5％、キリスト教48.2％。古くから伝わる伝統的な宗教を信仰する人もいる。 |
| ❾ 通貨 | ナイラ |
| ❿ 日本とアブジャの時差 | 日本より8時間おそい |
| ⓫ 東京とアブジャの距離 | 1万2,974km |
| ⓬ アブジャの平均気温 | 〈1月〉25.0℃　〈7月〉24.3℃（東京の平均気温は、〈1月〉5.2℃、〈7月〉26.4℃） |
| ⓭ 平均寿命 | 男性53歳、女性56歳〈2015年〉（日本は男性81歳、女性87歳〈2015年〉） |
| ⓮ 日本にくらすナイジェリア人の数 | 2,797人〈2016年〉 |
| ⓯ ナイジェリアにくらす日本人の数 | 149人〈2016年〉 |
| ⓰ 世界遺産登録数 | 2件〈2017年〉 |

高層ビルが立ちならぶラゴスの街。元首都でナイジェリアの経済や文化の中心都市。

製鉄業がさかんな部族によって形成されるスクルの景観は、世界遺産になっている。

写真提供：StefanCramer

### ⓱ 日本との貿易

◆ 日本からナイジェリアへの輸出　356億円
- 鉄鋼 27.7%
- 人造繊維 18.7%
- 一般機械 16.0%
- バスとトラック 5.6%
- 電気機器 4.3%
- その他 27.7%

◆ ナイジェリアから日本への輸出　940億円
- 液化天然ガス 84.1%
- アルミニウムなど 8.5%
- ごま 6.7%
- 金属鉱と金属くず 0.6%
- その他 0.1%

〈2016年〉

アフリカでいちばん人口が多いナイジェリアは、どんどん発展するよ！

※データの出典は48ページ。

太鼓演奏者
ジャバテ・ダラマンさん

**マリ** から来た
ジャバテ・ダラマンさん に聞きました

## わたしが来日した理由

### 舞踊団の来日公演で妻と出あい、結婚したからです。

### ダラマンさんと日本のつながり

- **48年前**
マリのバマコ市で生まれる。11人きょうだいの5番目。

- **28年前**
20歳のときに、マリ国立民族舞踊団に入団。パーカッションチームのリーダーとして活躍。

- **14年前**
民族舞踊団が公演のために来日する。このツアーで妻の美禰子さんと知りあう。

- **12年前** 来日！
美禰子さんと結婚し、来日。日本で演奏活動をはじめる。

- **現在**
アフリカの太鼓演奏者として活躍。家族3人で東京都に住む。

### Q. 日本に興味をもったきっかけは何ですか？

わたしは、アフリカの太鼓演奏者です。20歳のときにマリ国立民族舞踊団に入りました。そして、世界中を演奏しながら旅をしました。

はじめて行った外国は、ポルトガルです。日本に興味をもったのも、舞踊団で来日したのがきっかけでした。日本には1か月半ほど滞在し、いろいろな場所で演奏をしました。

マリでは、中国のカンフー映画をよく見ていました。そのなかで、日本人は侍や忍者として登場することがよくありました。ですから、日本に来れば、ぜったいに侍や忍者に会えると思っていました。帰国後、マリの友人に「どうだった？ 侍と忍者に会えた？」とワクワクしながら聞かれ、いなかったことを伝えるとガッカリされたのを思い出します。

### Q. どうして日本に来ることになったのですか？

妻の美禰子と結婚したからです。美禰子とはじめて会ったのは、舞踊団の来日公演のときです。美禰子は、マリの公用語であるフランス語の通訳として、公演の手伝いをしてくれていました。

美禰子は、この公演がきっかけでアフリカの音楽に興味をもち、マリにやってきました。美禰子がマリに住んだのは1年くらいです。マリで結婚式を挙げたあと、日本で生活をするようになりました。

マリ国立民族舞踊団の来日公演の様子。 写真：青木司

### ● ダラマンさんの母国・マリ

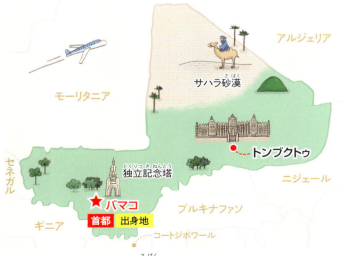

マリの北部には、世界最大の砂漠であるサハラ砂漠が広がっている。

# 日本での仕事とくらし

日本でアフリカの太鼓演奏者として活躍するダラマンさん。仕事やふだんのくらしについて聞きました。

## アフリカの太鼓をたたいて演奏する

わたしはいま、日本で演奏活動をしています。おもに演奏するのは、マリのカスンケ族の楽器である"ドゥンドゥン"という太鼓で、とても大きな音がするのが特徴です。

マリには、いろいろな民族が住んでいます。わたしは、カスンケ族の"グリオ"とよばれる家系に生まれました。グリオというのは、昔からマリに伝わる職業のようなものです。古くは、王様につかえ、マリの国の歴史を歌やおどりで披露する仕事をしていました。

そのため、家にはいろいろな民族楽器があり、小さなころから音楽になれ親しんでいました。

## 日本人にアフリカの音楽を教える

アフリカの音楽を教える仕事もしています。日本では、アフリカの太鼓というと、ドゥンドゥンよりも"ジェンベ"という楽器のほうが有名で人気もあるため、ジェンベも教えています。

ほかにも、日本には、アフリカンダンスというおどりを学ぶ人たちがいます。わたしは太鼓の演奏者として、ダンスクラスのサポートもしています。

## 日本に来てから料理をつくるようになった

日本の男性には、料理をする人も多くいますが、マリでは、料理は女性の仕事と決まっています。で

ジェンベのレッスンの様子。みんなでいっしょにたたいたり、一人ひとりに教えたりする。

日本でのライブの様子。

### ダラマンさんのある1日
（ライブのある日）

- **12:00 起床** ▶ ライブのある日は、夜おそくなるので、おそめに起きる。
- **14:00 ライブ会場へ出発**
- **15:00 リハーサル**
  ▶ ライブの本番前に、ステージで音を出してみて、確認をする。
- **19:00 ライブ**
  ▶ 途中に休けいをはさんで、2ステージ演奏することが多い。
- **22:00 終演**
- **24:00 帰宅**

ジェンベという太鼓。昔は鍛冶屋さんだけが演奏できる楽器だった。

カスンケ族の楽器ドゥンドゥン。たくさんある民族楽器のなかでも、ダラマンさんのいちばんのお気にいり。

マリ料理をつくるダラマンさん。マリではピーナツのほかに、オクラやモロヘイヤをよく使う。

マリ　ジャバテ・ダラマンさん

マリのなべ。マリの家にはガスコンロがないので、直火で料理していた。

すから、わたしは料理のしかたをまったく知りませんでした。来日したばかりのころは、日本語がうまく話せないのでどこへも行けないし、子どもも小さかったので外食もできません。いくらおなかがすいても、妻が仕事から帰ってくるまでは、ごはんが食べられない……。

そんな毎日がつらくて、あるとき、「自分でつくってみよう！」と思いたち、母に電話をしました。マリで食べていた、いちばん好きな料理であるピーナツソースのごはんをどうやってつくるのか、材料からつくり方まで教えてもらいました。

はじめて料理に挑戦してみた感想は、「なーんだ、ぜんぜんむずかしくないじゃん！」。料理のしかたを知らなかっただけで、わたしにもできることがわかりました。いまでは、オリジナルの料理を考えてつくるほど、料理の腕が上がりました。

## こんなことまで聞いてみました！

### Q. ピーナツソースの具材は?

**「ピーナツバターととり肉」**

ごはんにピーナツソースをかけた料理は、"ティガデゲナ"といいます。マリはピーナツの生産量が多い国です。この料理は、マリにいるわたしの父の大好物でもあります。

### Q. 好きな飲みものは何ですか?

**「苦いお茶」**

お昼ごはんのあとのお茶が、マリ人の楽しみです。味はとてもしぶい緑茶に、砂糖をたくさん入れたような感じ。ごくごく飲むのではなく、会話を楽しみながら少しずつ飲みます。

# 大切な人とのつながり

ダラマンさんにマリにいる家族のことや、グリオの家系のことを聞いてみました。

## マリの家族とは、よく連絡をとる

マリ人は、家族を大事にします。わたしも、マリの母とは1週間に1回、電話をします。仲のよい兄はマリではなく、リビアというアフリカのべつの国に住んでいて、学校の先生をしていますが、インターネットのSNS*で、ほとんど毎日のように近況を報告しあっています。いまは家族がどこにいても、インターネットで連絡をとりあえるので、うれしいです。

マリの実家に帰ったときにとった、家族の集合写真。

## マリ人グループのとりまとめ役

日本に住むマリ人どうしの交流も大切にしています。わたしは、"グリオ"の家の生まれですが、グリオの仕事は、歌やおどりなど音楽だけではありません。たとえば、だれかが結婚するときは、女性と男性、両方の家が仲よくできるように仲介役となります。子どもが生まれれば、お祝いパーティでみんなに子どもの名前を披露する役をします。このように、みんなのためにはたらくこともグリオの仕事です。

日本でも、だれかがこまっているときには相談にのり、もめごとが起こったときにはあいだに入って仲裁します。それがグリオであるわたしの役目なのです。

結婚式で演奏をするダラマンさん。

## "グリオ"の家系であることをほこりに

わたしはグリオの家に生まれたので、小さいときから、毎晩、父がマリの歴史の物語を教えてくれました。物語は先祖から受けつがれてきたものです。物語のなかに、歌やおどりが出てくれば、家族の女性たちが、それを教えてくれました。

わたしがいま太鼓演奏者として活躍しているのも、グリオの家に生まれたからです。日本でくらしていても、教えてもらったことを大切にもっていきたいと思っています。娘もグリオの血を引きついでいるので、ほこりに思ってほしいです。

## 日本でも、家族との交流をもっと大切にしてほしいな！

*SNS：インターネット上でほかの人と交流できる会員制のオンラインサービス。英語のSocial Networking Serviceを略したもの。

## 家族に聞きました

### ことばのかべがあるからこそ、よく話すようにしています！

妻 美禰子さん

### マリの音楽に感動しアフリカへ

ダラマンとは、来日公演時にわたしがフランス語の通訳をしたのがきっかけで出あいました。ダラマンの舞踊団の公演で、はじめてアフリカ音楽を聴いたとき、"ドゥンドゥン"の音にほれこんでしまいました。当時、アフリカについてはまったく知識がなく、マリがアフリカのどこに位置するのかも知らなかったのですが、「現地でもっとアフリカの音楽を聴いてみたい！」「演奏を見てみたい！」と思い、マリに行くことを決めました。

マリへ行く前に買ったマリ音楽のCD。マリの音楽は有名ではなかったので、さがすのに苦労したという。

### マリに1年間、滞在する

現地の人と同じようにくらしながら生活や文化を学びたかったので、滞在は1年間と決めました。マリには日本のようなアパートやマンションが少ないので、家をさがすのもひと苦労です。運よく見つかった家は、目の前が市場だったので、現地の人のくらしに直接ふれることができました。

滞在中は、音楽を存分に楽しみました。マリでは毎週のように、どこかでお祭りが開催されています。お祭りでは音楽が演奏されるので、よく聴きに行きました。音楽を通じて、マリの生活や文化を学ぶことができました。

### おたがいをわかりあう努力をする

結婚した当初、どちらの母語＊でもないフランス語で話していたこともあり、伝えたつもりのことがじつは伝わっていなかったということがよくありました。ですから、いまでもすれちがいが起きないように、できるだけコミュニケーションをとるように心がけています。マリの男性は、妻にたくさんのことを説明したり、話したりしない人が多いようです。その点、ダラマンはよく話してくれるほうだと思います。

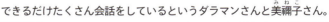
できるだけたくさん会話をしているというダラマンさんと美禰子さん。

ジャバテ家の人たちに囲まれた美禰子さん。

＊母語：子どものころから話していることば。

# ダラマンさんの ここにびっくり！ マリと日本

## マリ人は手でごはんを食べるけど……!?

マリ式の食卓を囲むダラマンさんと美禰子さん。できたては熱いのでうちわであおいでから、手で食べる。

### ひとつの大きなお皿を家族みんなで囲む

　大きなボウルのようなお皿に料理を入れ、そのお皿をみんなで囲んで分けあって食べるというのがマリの食べ方です。お皿は、男性用、女性用、子ども用に分けられます。日本では、はしを使って食べますが、マリでは、手を使って食べます。ごはんを食べるのは、右手と決まっています。みんなが平等に食べられるように、おたがいを思いやりながら、分けあいます。

　料理は少し多めにつくるのもマリ流です。食事中にだれかが家の前を通ったら、「いっしょに食べましょう」とかならず声をかけてさそいます。

### お米のほかに雑穀も食べる

マリでは、お米以外にも主食として、アワやキビなどの雑穀を食べます。女性たちが、写真のような杵と臼でついて粉にします。

## 日本は一軒に数人しか住んでいない！

マリの家は、真ん中に中庭があり、それを囲むように住居がある。

### マリは大家族なので25〜35人が住んでいる

マリの家族は大家族です。ひとつの家に、たくさんの人が住んでいます。わたしの実家には、両親ときょうだい、きょうだいの妻と子どもがみんないっしょに住んでいるので、25〜35人もいます。

家のつくりも、日本とはちがいます。大きな敷地のなかに井戸や木が生えた中庭があり、それを囲むように住居を建てています。中庭は、みんなが集まるリビングのような場所。ごはんも中庭で火をたいてつくり、そこでみんなで食べます。

いまはコンクリートの家がふえたけど、昔は土を固めた日干しレンガで家をつくっていたよ。

## 冷蔵庫は便利だけど……!?

### 食材は毎日、食べる分だけを市場で買う

マリの家族は大家族ですから、日本のようにお母さんなどが1人で料理をするわけではありません。家の女性たちが協力し、交代でごはんをつくります。

大人数のごはんを用意するためには、毎日1回、3食分の食材を市場に買いに行かなければなりません。日本のように冷蔵庫で保存しておくということはなく、その日に食べる分だけを買います。あまってしまうことがないように、市場で売られているものは、すべてはかり売りで購入できます。

バマコにある市場。たくさんの野菜がならんでいる。

# 日本では犬や猫が売られている!!

写真提供：Juan Jiménez Martinez/flickr

マリでは、ヤギなどの家畜は貴重なはたらき手になっている。

ペットのために高いお金を出すなんてびっくり！

## マリで売られる動物はロバや牛などの家畜だけ

　日本にはじめて来たとき、ペットショップで犬や猫が高い値段で売られているのを見て、思わず笑ってしまいました。

　マリでも動物は売られていますが、それはロバや牛、ヤギ、羊といった家畜です。家畜は、荷物を運んだり、農作業をしたりするときに役にたってくれるでしょう？　マリにも犬や猫はいますが、お金を出してまで買うことはありません。犬がほしい人は、犬が生まれた家から無料でもらってくるのがふつうです。

# 時間通りに行きたい場所に行ける！

## マリのバスは人数がそろわないと出発しない

　日本の交通機関はすごく便利です。日本では時間におくれることなく、どこへでも行くことができます。マリでは、行きたい場所へ時間通りに行くことはできません。

　マリには日本のような電車はなく、乗りあいバスが移動手段なのですが、乗りあいバスは時間通りに運行しているわけではありません。バスが満員になったら出発する、というシステムです。乗客が少なければ出発してはくれないのです。

## データ調べ　マリをもっと知ろう！

- **①正式名称** マリ共和国
- **②首都** バマコ
- **③面積** 124万km² （日本は37万8,000km²）
- **④地勢** 西アフリカの内陸国。ニジェール川より北は、サハラ砂漠の一部。南部には大湿地帯があり、たくさんの人が住んでいる。
- **⑤人口** 1,854万2,000人〈2017年〉
  （日本は1億2,558万4,000人〈2017年〉）
- **⑥おもな言語** フランス語（公用語）
- **⑦民族** バンバラ人、セヌフォ人、フラ人、ソニンケ人、トゥアレグ人など。
- **⑧宗教** 90％がイスラム教。そのほか、キリスト教など。
- **⑨通貨** CFAフラン（セーファー）
- **⑩日本とバマコの時差** 日本より9時間おそい
- **⑪東京とバマコの距離** 1万3,681km
- **⑫バマコの平均気温** 〈1月〉25.1℃　〈7月〉26.4℃※
  （東京の平均気温は、〈1月〉5.2℃、〈7月〉26.4℃）
  ※平均気温は1年を通してだと25〜30℃前後だが、朝晩の気温差がはげしく、月の平均最高気温が40℃になることもある。
- **⑬平均寿命** 男性58.6歳、女性58.3歳〈2015年〉※
  （日本は男性81歳、女性87歳〈2015年〉）
  ※乳児の死亡率が75％と高いため、平均寿命が低くなっている。
- **⑭日本にくらすマリ人の数** 156人〈2016年〉
- **⑮マリにくらす日本人の数** 19人〈2016年〉
- **⑯世界遺産登録数** 4件〈2017年〉

首都バマコの街。朝と晩には交通渋滞が起こる。
写真提供：LenDog64/flickr

ニジェール川ぞいにある世界遺産の街トンブクトゥ。
写真提供：Jeanne Menjoulet/flickr

**⑰日本との貿易**

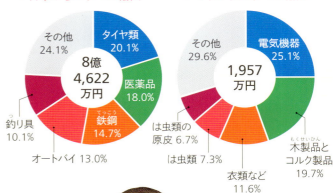

◆日本からマリへの輸出　8億4,622万円
- タイヤ類 20.1%
- 医薬品 18.0%
- 鉄鋼 14.7%
- オートバイ 13.0%
- 釣り具 10.1%
- その他 24.1%

◆マリから日本への輸出　1,957万円
- 電気機器 25.1%
- 木製品とコルク製品 19.7%
- 衣類など 11.6%
- は虫類 7.3%
- は虫類の原皮 6.7%
- その他 29.6%

〈2016年〉

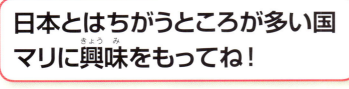

日本とはちがうところが多い国マリに興味をもってね！

※データの出典は48ページ。

## さくいん
（五十音順）

| あ行 | |
|---|---|
| アブジャ | 27、35 |
| アフリカ | 19、35、37、38、40、41 |
| アフリカンダンス | 38 |
| アルバイト | 28、30 |
| イスラム教 | 15、35、45 |
| 市場 | 32、41、43 |
| 異文化 | 21 |
| インターネット | 10、20、30、40 |
| 上野 | 24 |
| ウェリントン | 17、25 |
| ウルル | 7、15 |
| ALT（エイエルティー） | 7、8、11、21 |
| 英会話 | 18、21 |
| 英語 | 7、8、10、11、15、17、18、19、21、22、25、27、32、35 |
| 英語講師 | 17 |
| SNS（エスエヌエス） | 10、30、40 |
| オークランド | 17 |
| 大皿料理 | 14 |
| オーストラリア＝ドル | 15 |
| オーストラリア連邦 | 15 |
| お米 | 29、34、42 |
| おにぎり | 34 |
| オペラハウス | 7 |
| お祭り | 41 |

| か行 | |
|---|---|
| 学童保育 | 22 |
| カスンケ族 | 38、39 |
| 家畜 | 44 |
| キウイ | 25 |
| キャンベラ | 7、15 |
| きょうだい | 24、27、30、37 |
| キリスト教 | 15、25、35、45 |
| グリオ | 38、40 |

| | |
|---|---|
| クリケット | 13 |
| クリスチャンタイム | 33 |
| クリスマス | 13、15 |
| 結婚 | 27、30、31、37、40、41 |
| コアラ | 15 |
| 高校 | 8、30、34 |
| 高校生 | 9 |
| ゴールドコースト | 9 |
| 子育て | 30 |
| コミュニケーション | 18、32、41 |
| コンビニ | 34 |

| さ行 | |
|---|---|
| 在留外国人 | 3 |
| 作業服 | 34 |
| 雑穀 | 42 |
| サハラ砂漠 | 37、45 |
| 侍 | 37 |
| JET（ジェット）プログラム | 7、8、9、17 |
| ジェンベ | 38、39 |
| 児童養護施設 | 21 |
| 集団登校 | 22 |
| 授業 | 7、18、20、21 |
| 小学生 | 7 |
| 小学校 | 12、17 |
| 食文化 | 23 |
| スクル | 27、35 |
| スポーツ | 9、12、13 |
| ズマロック | 27 |
| 制服 | 34 |
| CFA（セーファー）フラン | 45 |
| 世界遺産 | 7、15、17、25、27、35、45 |

| た行 | |
|---|---|
| 大学院 | 27、28 |
| 中学校 | 8、17、34 |
| ティガデゲナ | 39 |

| | | | |
|---|---|---|---|
| 電気自動車 | 28 | 美術館 | 24 |
| 電気製品 | 27 | ビデオ通話 | 10、20、30 |
| 電車 | 23、33、44 | 日干しレンガ | 43 |
| トイレ | 14、33 | 日焼け止め | 13 |
| ドゥンドゥン | 38、39、41 | ヒンドゥー教 | 15、25 |
| 独立記念日 | 29 | プール | 24 |
| トランポリン | 24 | 部活動 | 23 |
| トンガリロ国立公園 | 17、25 | 仏教 | 15、25 |
| トンブクトゥ | 37、45 | フランス語 | 37、41、45 |

### な行

| | | | |
|---|---|---|---|
| ナイジェリア料理 | 29 | ブリズベン | 7、9 |
| ナイジェリア連邦共和国 | 35 | プログラム | 28 |
| ナイラ | 35 | プログラムコーディネーター | 8、10 |
| 夏時間 | 15 | ペットショップ | 44 |
| なべ料理 | 14 | 訪日外国人 | 3 |
| 習いごと | 23 | ホームステイ | 7、12 |
| 日本語 | 7、11、17、27、31、39 | ホームパーティ | 21 |
| 日本語教育 | 7 | ボランティア | 17、18、19、20、22 |

### ま行

| | |
|---|---|
| 日本語教室 | 22 |
| 日本語予備教育課程 | 27 |
| 日本料理 | 23 |
| ニューイヤーパーティ | 13 |

| | |
|---|---|
| マオリ語 | 25 |
| マリ共和国 | 45 |
| マリ国立民族舞踊団 | 37 |
| 右手 | 42 |
| 民族衣装 | 34 |
| 民族楽器 | 38、39 |

| | |
|---|---|
| ニュージーランド | 16、17、19、20、21、22、23、24、25 |
| ニュージーランド=ドル | 25 |
| 忍者 | 37 |
| ネットボール | 9、12 |
| 乗りあいバス | 44 |

### や行

| | |
|---|---|
| 遊具 | 12 |
| 幼稚園 | 17 |
| 読み聞かせ | 19、22 |

### は行

| | |
|---|---|
| バーベキュー | 13、21 |
| 博物館 | 24 |
| はし | 42 |
| パソコン | 28 |
| バマコ | 37、45 |
| ピーナツソース | 39 |

### ら行

| | |
|---|---|
| ラグビー | 12 |
| ラゴス | 27、35 |
| 留学 | 17、21、27、30 |
| 留学生 | 20、21 |
| 緑茶 | 19、39 |

**監修**

**佐藤 郡衛**（さとう・ぐんえい）

明治大学国際日本学部特任教授。1952年福島県生まれ、東京大学大学院博士課程修了。博士（教育学）。東京学芸大学国際教育センター教授、東京学芸大学理事・副学長、目白大学学長、外務省海外交流審議会委員、文部科学省文化審議会 国語分科会 日本語教育小委員会委員等を歴任。著書『異文化間教育』、『国際理解教育』（ともに明石書店）など多数。

**取材協力**
一般財団法人自治体国際化協会
立正大学
東海大学

**写真協力**
Pixabay
写真AC
photolibrary
shutterstock
PIXTA
Futta.NET

**スタッフ**

| | |
|---|---|
| 編集・執筆 | 安藤 崇 |
| | 黒澤真紀 |
| | 安藤千葉 |
| | 三島章子 |
| 撮影 | 舩田 聖 |
| | 竹内洋平 |
| イラスト | いのうえしんぢ |
| | 上垣厚子 |
| 校正 | 佐野悦子 |
| | 板谷茉莉 |
| デザイン・DTP | ごぼうデザイン事務所 |
| 編集協力 | 遠藤喜代子 |
| 編集・制作 | 株式会社 桂樹社グループ |

※P15、25、35、45のデータの出典
①～③、⑤～⑨、⑫、⑦『データブック オブ・ザ・ワールド2018年版』二宮書店　③外務省ウェブサイト「国・地域」　⑩,⑪『理科年表 平成30年版』丸善出版　⑪国土地理院ウェブサイト「距離と方位角の計算」⑫気象庁ウェブサイト「世界の天候データツール」　⑬「世界の統計2017」総務省　⑭「在留外国人統計（2017年6月末）」法務省　⑮「海外在留邦人数調査統計（平成29年要約版）」外務省　⑯"World Heritage List" UNESCO

※本書で紹介している見解は個人のものであり、また、風習には地域差や各家庭による差があることをご了承ください。

## 聞いてみました！
# 日本にくらす外国人 5
### オーストラリア・ニュージーランド・ナイジェリア・マリ

発行　2018年4月　第1刷

| | |
|---|---|
| 発行者 | 長谷川 均 |
| 編集 | 松原 智徳 |
| 発行所 | 株式会社 ポプラ社 |
| | 〒160-8565 東京都新宿区大京町22-1 |
| | 振替　00140-3-149271 |
| | 電話　03-3357-2212（営業） |
| | 　　　03-3357-2635（編集） |
| | ホームページ　www.poplar.co.jp |
| 印刷・製本 | 共同印刷株式会社 |

ISBN978-4-591-15756-5　　N.D.C.375　　47p　　29cm　　Printed in Japan

● 本書のコピー、スキャン、デジタル化等の無断複製は著作権法上での例外を除き禁じられています。本書を代行業者等の第三者に依頼してスキャンやデジタル化することは、たとえ個人や家庭内での利用であっても著作権法上認められておりません。
● 落丁本・乱丁本は送料小社負担にてお取り替えいたします。小社製作部宛にご連絡下さい。
　電話0120-666-553　受付時間は月～金曜日、9：00～17：00（祝日・休日は除く）。
● 読者の皆様からのお便りをお待ちしております。いただいたお便りは編集部から制作者にお渡しいたします。

# 聞いてみました！日本にくらす外国人

N.D.C.375　監修：佐藤 郡衛

全5巻

**1** 中国・韓国・フィリピン・ベトナム

**2** インド・ネパール・トルコ・サウジアラビア

**3** アメリカ・カナダ・ブラジル・コロンビア

**4** イギリス・イタリア・ロシア・エストニア

**5** オーストラリア・ニュージーランド・ナイジェリア・マリ

小学校高学年〜中学生向け　オールカラー
A4変型判　各47ページ
図書館用特別堅牢製本図書

★ポプラ社はチャイルドラインを応援しています★

こまったとき、なやんでいるとき、
18さいまでの子どもがかけるでんわ

チャイルドライン®
0120-99-7777
ごご4時〜ごご9時　＊日曜日はお休みです
電話代はかかりません　携帯・PHS OK